PUEDES HACERLO, MAMÁ

Un Homenaje A Las Madres Primerizas y
A Las Que Están Esperando Un Bebé

Ashley M. King

Puedes Hacerlo, Mamá
Un Homenaje A Las Madres Primerizas y A Las Que Están Esperando Un Bebé

Copyright © 2022 by Ashley M. King

Print ISBN: 978-1-952561-21-4

Todos los derechos reservados. Ninguna parte de este libro puede ser reproducida en ninguna forma ni por ningún medio electrónico o mecánico, incluyendo los sistemas de almacenamiento y recuperación de información, sin el permiso escrito del autor, excepto para el uso de breves citas en una reseña del libro.

Get It Done Publishing, LLC.
Atlanta, GA 30349
www.getitdonepublishing.com
Impreso en los Estados Unidos de América.

Las escrituras marcadas con NVI están tomadas de la NUEVA VERSION INTERNACIONAL (NVI): Escritura tomada de LA SANTA BIBLIA, NUEVA VERSIÓN INTERNACIONAL ®. Copyright© 1973, 1978, 1984, 2011 por Biblica, Inc. TM. Utilizado con permiso de Zondervan.

Quiero agradecer a mi esposo por su continuo apoyo y a nuestro primogénito por ser uno de los mejores regalos que pudimos recibir. A mi mamá, no sé cómo nos criaste a los tres, pero lo hiciste, y te quiero aún más por ello.

A Marilyn Yvette González, ¡gracias! Siempre serás mi "Kirby".

No se inquieten por nada, sino que en toda situación, con oración y petición, con acción de gracias, presenten sus peticiones a Dios. Y la paz de Dios, que sobrepasa todo entendimiento, guardará vuestros corazones y vuestros pensamientos en Jesucristo.

Filipenses 4:6-7

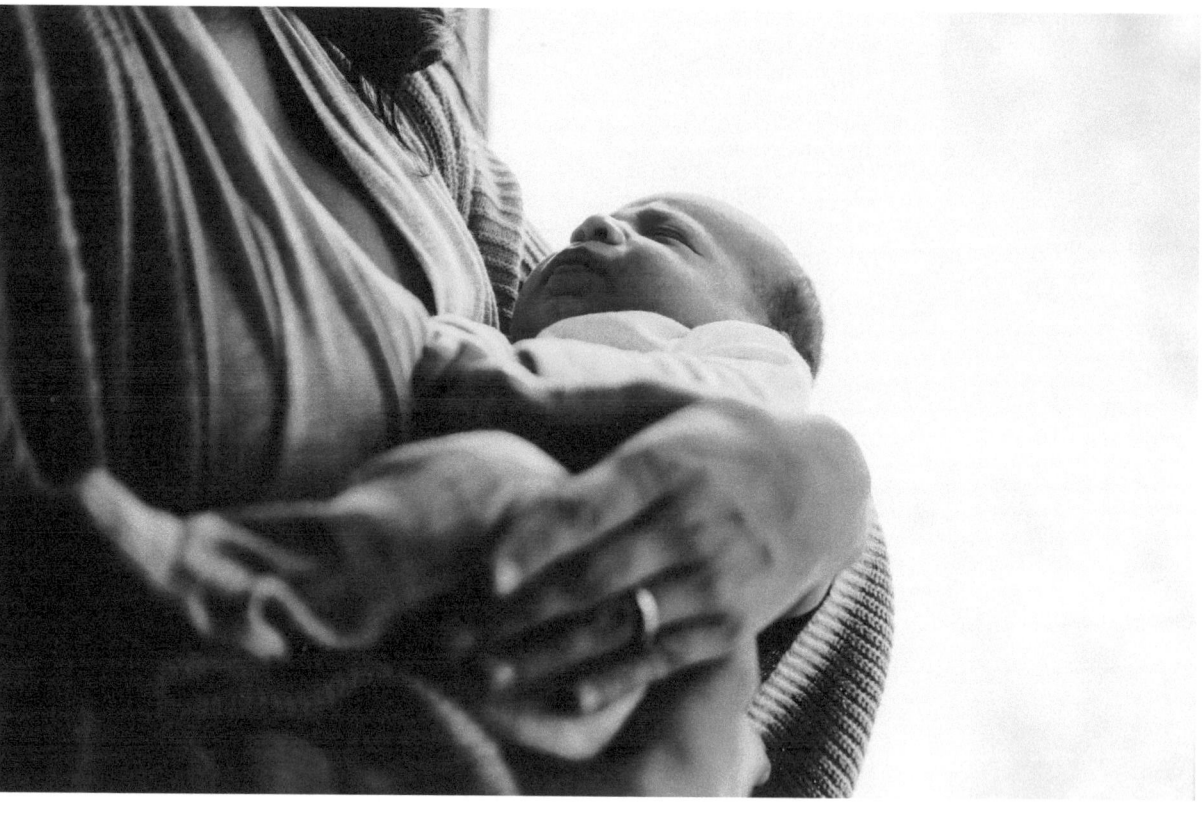

Ahora que eres madre, el almuerzo ha sido sustituido por las comidas nocturnas.
Ver tu serie de televisión favorita ha sido sustituido por ver programas infantiles. Y los baños de burbujas calientes han sido sustituidos por dar baños a los bebés. Te das cuenta de que tienes menos tiempo para hacer algunas de tus cosas favoritas. Para adaptarse a las nuevas exigencias, es esencial establecer límites, hacer un horario y añadir tiempo extra a tus tareas diarias, ya que tienes una persona más a la que atender.
No te comprometas en exceso.

TÓMATELO CON CALMA
Y VE AÑADIENDO POCO A POCO CUANDO ESTÉS PREPARADA.

Dormir se ha convertido en un lujo y has descubierto un nuevo significado de cansancio.
ESTÁ BIEN DESCANSAR Y TOMARSE TIEMPO PARA SÍ MISMA.
No hay que sentirse culpable. No puedes dar lo mejor de ti cuando estás cansada y no tienes nada que ofrecer. Permitir que otros te ayuden no es un signo de debilidad; es una señal de que eres lo suficientemente fuerte como para permitir que otros formen parte de tu travesía.

Aprenderás la diferencia entre el sueño y el descanso. Aunque te sientas cansada, es lógico pensar que tu cuerpo necesita dormir más. Aunque el sueño es esencial para tu bienestar general, descansar significa mucho más. El descanso implica a todo tu ser: mente, cuerpo y alma.

QUÉDATE QUIETA,

cierra los ojos, respira profundamente y ten un momento de gratitud.

Llora si lo necesitas, pero todo lo que tienes que hacer es estar presente en el momento.

Puede que te cueste encontrar la armonía entre tu familia, las responsabilidades domésticas, el trabajo y todo lo que haces. Tu mente puede estar llena de pensamientos ansiosos, preocupaciones e inquietudes. Debes saber que tu salud mental es una parte crucial de tu bienestar, así que no pasa nada si no estás bien. Pero no está bien seguir así. Habla con un profesional o con alguien de confianza para obtener la ayuda que necesitas. Hay muchas madres que se han sentido como tú.

Eres madre

y tu hijo tiene la suerte de tenerte, pero ser madre no es todo lo que eres. No te pierdas en el proceso de la maternidad. Encuentra formas de reconectar con tus seres queridos y, sobre todo, contigo misma. El mismo amor que das y muestras a los demás debe ser el mismo que te das y muestras a ti misma.

Deja de presionarte.

No existe la crianza perfecta. Ninguna cantidad de libros leídos, clases de paternidad o consejos pueden prepararte para la realidad. Aunque son pautas útiles, cada niño es diferente, y la forma en que responden o reaccionan a las cosas varía. Respira y reconoce que estás haciendo un gran trabajo. Dios sabía que eras perfecta para tu pequeño.

El viaje de la maternidad de cada persona es diferente,

así que no te compares. Lo que funcionó para una madre puede no funcionar para ti, y lo que funcionó para un niño puede no funcionar para el tuyo. Habrá muchos consejos no solicitados. Está bien escuchar lo que tienen que decir, pero si decides no hacerlo, no pasa nada, incluso si el consejo viene de un

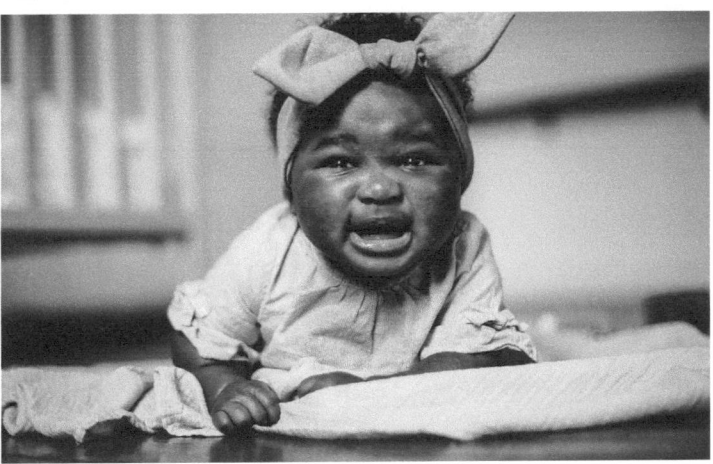

Tanto si das el pecho como si utilizas leche maternizada, lo más importante es que estés criando a un bebé sano. No dejes que nadie te culpe por tu decisión. La lactancia materna puede plantear problemas, como la falta de producción de leche, problemas de agarre, etc. No te rindas y no sientas que es tu culpa. Estas cosas ocurren. Consulta con un especialista en lactancia para ver qué se puede hacer.

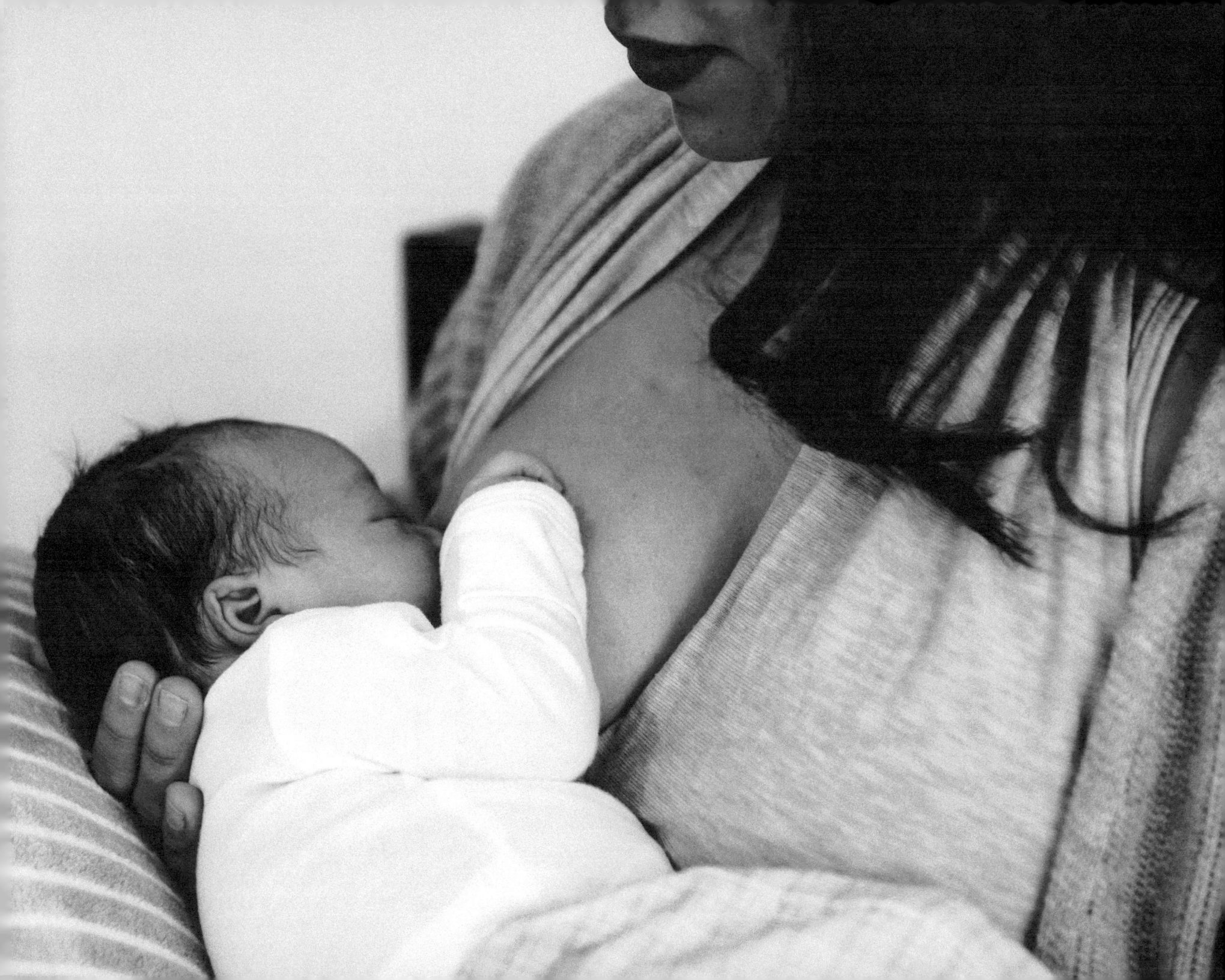

Es posible que tus emociones estén a flor de piel y que estés tratando de entenderlo todo a la vez. Ten paciencia e intenta relajarte. Adaptarse a esta nueva vida lleva su tiempo.

Cometerás errores mientras descubres lo que funciona para ti y tu familia.
No pasa nada.

No hay una solución única para todas las familias. Haz lo mejor que puedas y tómate un día (o incluso un minuto) a la vez.

"No,"
es una sentencia completa y es una respuesta perfecta a cualquier cosa que no tengas el margen de maniobra para hacer.

Cuando te comprometes en exceso, estás sacrificando tu bienestar. Está bien cancelar o reprogramar para un momento mejor. No puedes mostrarte como la mejor versión de ti mismo cuando estás al límite o agotada.

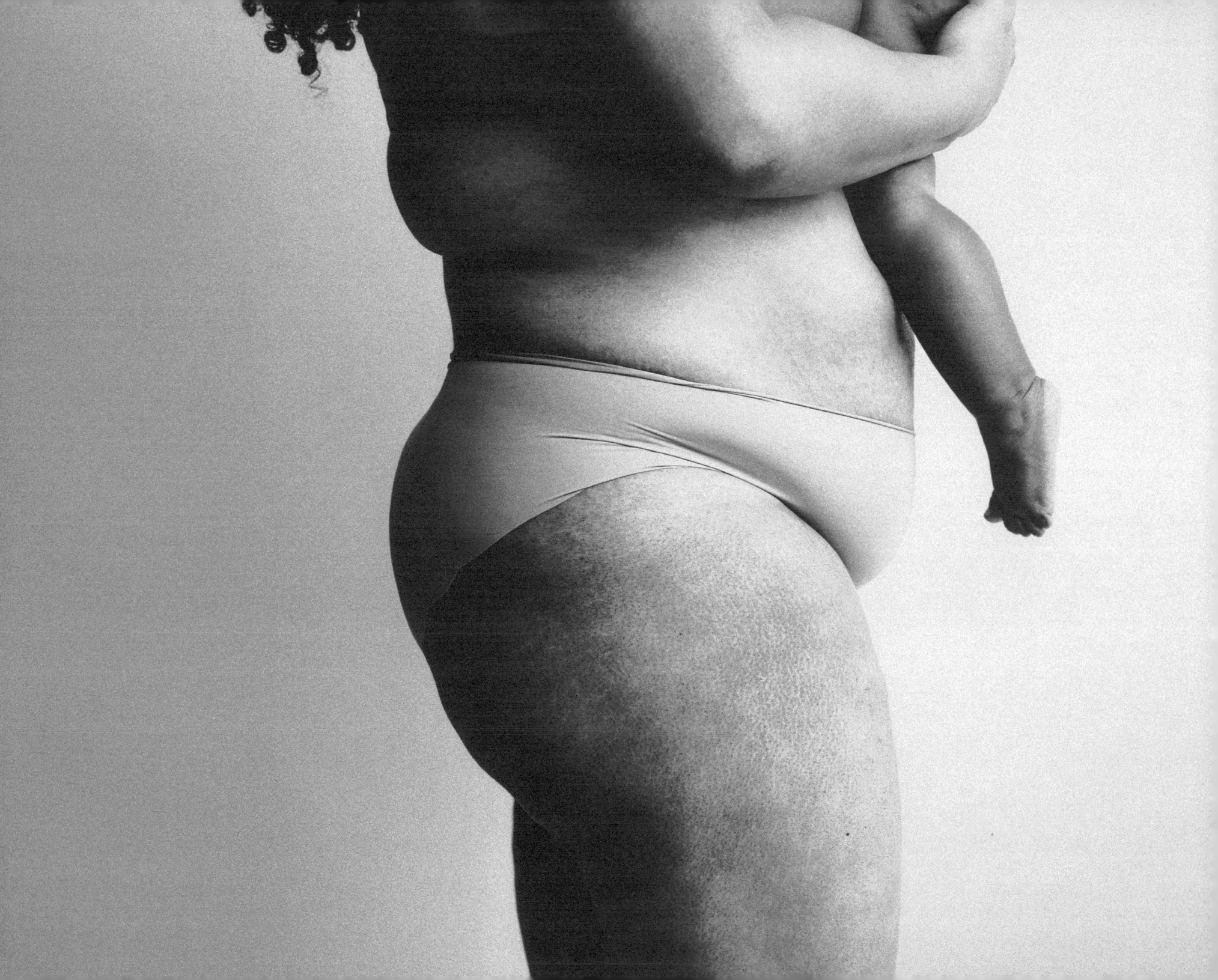

Date.un respiro.

Es posible que el cuerpo que tenías antes haya desaparecido y sido reemplazado por algo de peso extra, quizás con algunas estrías. Tus pechos no son tan firmes, y las hormonas están fuera de lugar. Pero recuerda que tu cuerpo es increíblemente poderoso. Has creado vida, que es lo más hermoso del mundo.

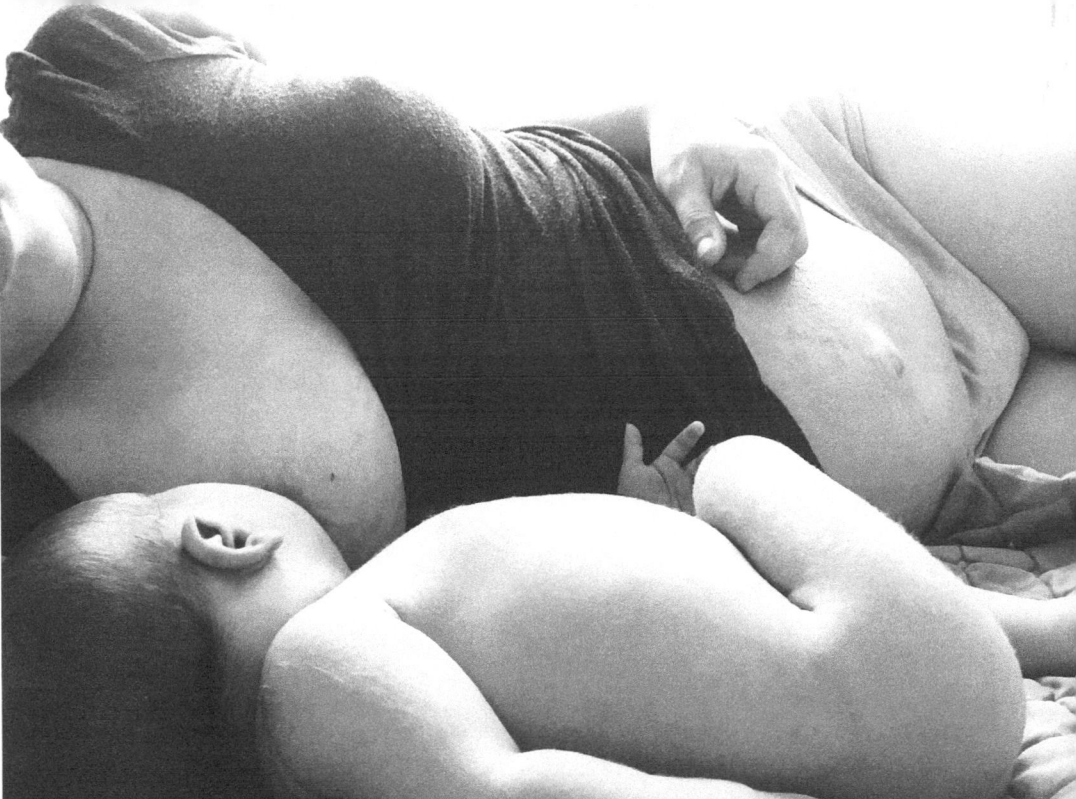

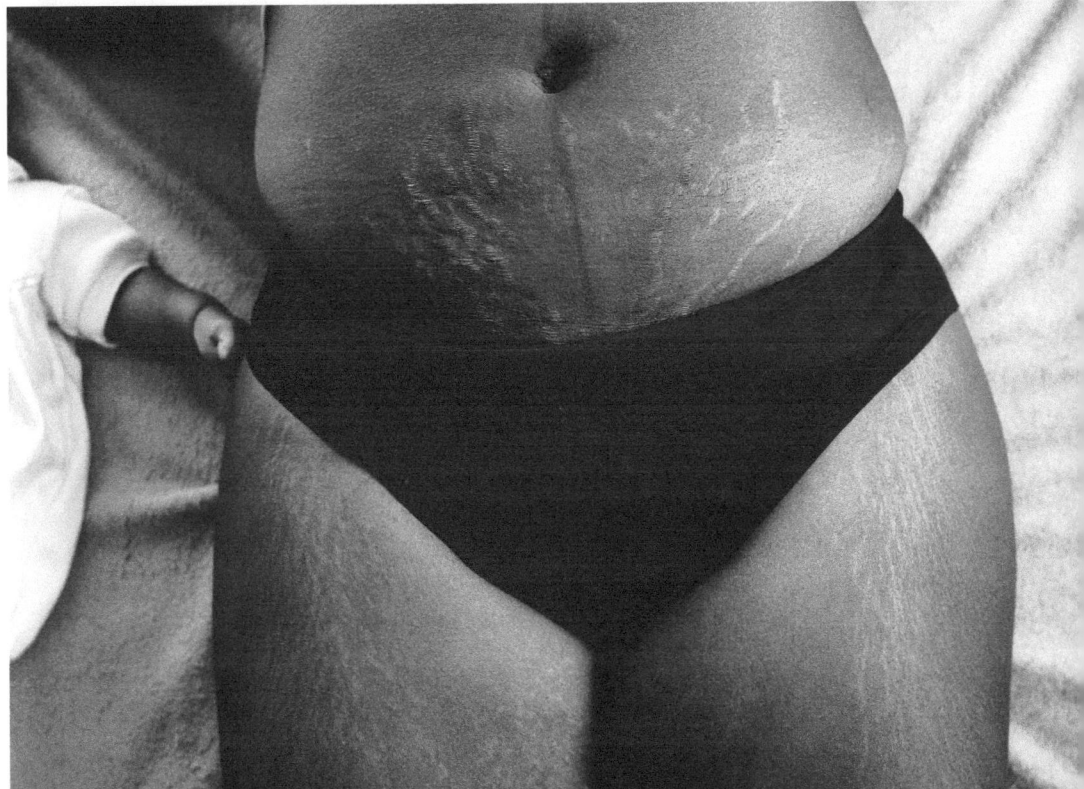

Puede parecer que todos tus sacrificios -grandes y pequeños- no son suficientes. Algunos días sientes que nadie te escucha y que nadie ve todo lo que pasas. A veces, sientes que das mucho de ti misma, y a cambio, se te pide que des aún más, y pasa desapercibido. Pero quiero decirte que se te aprecia. Las cosas que haces no pasan desapercibidas. Incluso si todo lo que has conseguido hacer hoy ha sido mantenerte a ti y al bebé a salvo,

eso merece un aplauso.

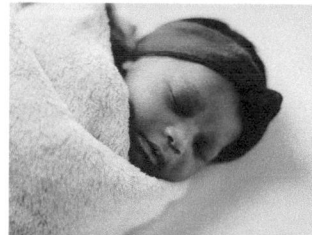
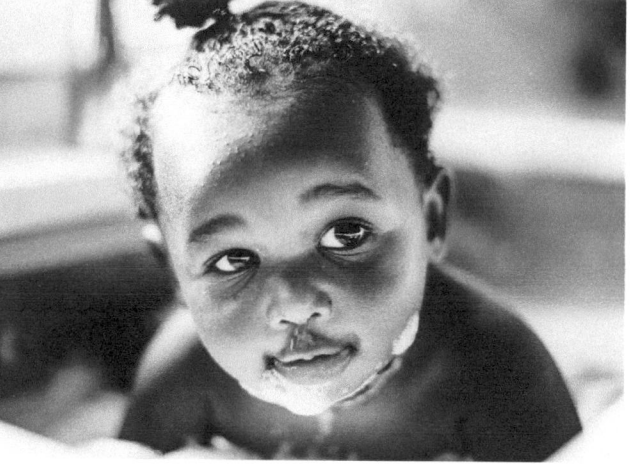

Algunas noches te sientas a ver dormir a tu pequeño.

Observas con asombro lo hermoso y a la vez frágil

que es tu bebé.

Su sonrisa, su risa e incluso su llanto son tan preciosos. ¡Eso lo has hecho tú! Deberías estar orgullosa.

Entonces, ¿merece la pena la maternidad?

Si hubiera entendido realmente cuánto tendría que sacrificar -los cambios en mi cuerpo, las noches sin dormir, el agotamiento, la complejidad de todo ello-, ¿habría seguido eligiendo este camino para mí? Al principio, pensaba: "No entiendo cómo las mujeres pueden pasar por esto más de una vez". Pero ahora que ha pasado el tiempo, lo volvería a hacer sin duda. Con el tiempo todo mejora; ¡puedes hacerlo, mamá!

Photo by RaQuita Weathers of Belle Rouge Photography

www.ingramcontent.com/pod-product-compliance
Lightning Source LLC
Chambersburg PA
CBHW041915230426
43673CB00016B/416